समाज का आईना

"स्त्री, समाज और इंसानियत की अनकही दास्तां"

Dr. Sajal Sharma

BookLeaf Publishing
India | USA | UK

Made with ❤ on the BookLeaf Publishing Platform
www.bookleafpub.in
www.bookleafpub.com

Dedication

यह पुस्तक समर्पित है –
उन सभी निर्भीक आत्माओं को,
जो इस समाज के अन्याय, पाखंड और झूठ के आगे
चुप नहीं रहतीं।

उन स्त्रियों को,
जिन्होंने दर्द सहकर भी दुनिया को जन्म दिया,
और फिर भी "अशुद्ध" कहलाईं।

उन युवाओं को,
जो सवाल पूछने की हिम्मत रखते हैं,
और सच्चाई के लिए अकेले खड़े रहना जानते हैं।

उन माँ-बापों को,
जो अपनी संतान की खुशी से ज्यादा
"समाज क्या कहेगा" को ऊपर रखते हैं।

और उन हर दिलों को,
जो अब भी उम्मीद करते हैं
कि एक दिन –
इंसानियत, धर्म से बड़ी और प्रेम, जाति से ऊँचा होगा।

"यह पुस्तक सिर्फ शब्दों का संग्रह नहीं,
यह उस बदलाव को समर्पित है

जो हर सोचने वाले दिल में धीरे-धीरे जन्म ले रहा है।"

— ✍ [DR. SAJAL SHARMA]

Preface

“समाज का आईना” :- जहाँ सच बोलना अपराध है |

यह पुस्तक केवल कविताओं का संग्रह नहीं है,
यह एक आवाज़ है — उस समाज के विरुद्ध, जिसने सच्चाई से मुँह मोड़ लिया है।
यह उन प्रश्नों का उत्तर है जिन्हें लोग पूछने से डरते हैं,
और उन भावनाओं का प्रतिरोध है जिन्हें हम अक्सर चुप्पी में दबा देते हैं।

इन कविताओं में “मैं” नहीं बोलता —
यहाँ हर वह इंसान बोलता है जिसने कभी अन्याय देखा,
कभी पाखंड महसूस किया, या कभी सच बोलने की सज़ा पाई।

“अजीब है ये दुनिया” से लेकर “क्षणभंगुर जीवन” तक,
हर कविता समाज की एक परत उतारती है —
कहीं धर्म के नाम पर ढोंग उजागर होता है,
कहीं रिश्तों में बसी स्वार्थ की दीवारें दिखती हैं,
कहीं औरत की अस्मिता की पुकार सुनाई देती है,
तो कहीं जीवन की अस्थायीता का बोध कराती है।

यह संग्रह नफ़रत से नहीं, जागृति से जन्मा है।

इसका उद्देश्य किसी को ठेस पहुँचाना नहीं,
बल्कि विचारों की चिंगारी जलाना है —
ताकि हम खुद से पूछ सकें:
क्या हम सच में इंसान हैं, या बस समाज का हिस्सा बन गए हैं?

इन कविताओं को पढ़ते हुए आप शायद क्रोधित होंगे,
कभी दुखी होंगे,
पर अंत में — सोचने पर मजबूर जरूर होंगे।
और शायद, यही इस रचना का असली उद्देश्य है।

> *"अगर एक भी दिल जाग उठा,*
तो समझो ये शब्द व्यर्थ नहीं गए।"

— ✍ [DR. SAJAL SHARMA]

Acknowledgements

इस पुस्तक को लिखना मेरे लिए केवल एक रचनात्मक यात्रा नहीं, बल्कि आत्मा की साधना रही है।
हर कविता के पीछे एक अनुभव, एक दर्द और एक सवाल छिपा है — जिसे शब्दों में ढालना आसान नहीं था।

सबसे पहले, मैं धन्यवाद देना चाहता हूँ अपने परिवार को — जिन्होंने हर परिस्थिति में मेरा साथ दिया, मेरी सोच को समझा, और मुझे लिखने की स्वतंत्रता दी।
उनके सहयोग और विश्वास ने ही मुझे इन सच्चाइयों को आवाज़ देने की हिम्मत दी।

मैं आभार व्यक्त करता हूँ अपने मित्रों और पाठकों का, जो हर रचना के पीछे खड़े रहे — कभी आलोचक बनकर, कभी प्रेरणा बनकर।
आपके शब्द, आपके संदेश और आपकी प्रतिक्रिया ने इस लेखन को और गहराई दी।

और अंत में, मेरा धन्यवाद उस समाज को भी — जिसने अपने विरोधाभासों, पाखंडों और अन्यायों से मुझे सोचने पर मजबूर किया।
क्योंकि यदि ये अंधकार न होता, तो शायद ये शब्द भी जन्म न लेते।

यह पुस्तक किसी के विरुद्ध नहीं, बल्कि मानवता के पक्ष में लिखी गई है।

अगर मेरी कविताएँ किसी एक व्यक्ति को भी सोचने, बोलने या बदलने की प्रेरणा दें —
तो यही मेरे लिए सबसे बड़ा पुरस्कार होगा।

> *"शब्द तब सार्थक होते हैं,*
> *जब वे किसी के दिल में हलचल पैदा करें।"*

— ✍ [DR. SAJAL SHARMA]

{} अजीब है ये दुनिया :-. "दुनिया जो प्रेम से नहीं, दिखावे से चलती है"

प्रेम विवाह से डरते हैं समाज के लोग,
पर ज़ुल्म देखकर भी चुप रहते हैं लोग।

दो दिलों का मिलना उन्हें बुरा लगता है,
पर बिखरती ज़िंदगियों से नहीं डरते हैं लोग।

नन्ही बच्चियों की चीखें सुनकर भी,
आँखें मूँदकर सोते रहते हैं लोग।

जहाँ पाप सामने खड़ा हो जाता है,
वहीं पर चुप्पी साध लेते हैं लोग।

नाम से डरते हैं, रिश्तों से घबराते,
सच्चे इश्क़ से दूर भागते हैं लोग।

काँपते हैं डर के साये में रहकर,
पर भीतर से खाली, खोते हैं लोग।

रूह जलती रहे तो कोई पूछे नहीं,
पर दो दिल मिलें तो आग समझते हैं लोग।

जिन्हें करुणा की ज़रूरत सबसे ज़्यादा,
उनके दर्द से बेख़बर रहते हैं लोग।

कैसी है ये दुनिया, कैसा है ये ज़माना,
जहाँ सच से आँख चुराते हैं लोग।

जहाँ नाम से डर और रिश्तों से घबराहट,
बस दिखावे में ही खोते हैं लोग।

{} कौन जोड़ता है रिश्ते? : - . “जब ऊपरवाले के नाम पर समाज खेल खेलता है”

लोग पहले देखते हैं धन-दौलत,
फिर नापते हैं रंग-रूप की औक़ात।

जाति पूछते हैं, कुल-खानदान गिनते हैं,
गाँव-घर की चौखट पर परियाँ तौलते हैं।

फिर कहते हैं बड़े गर्व से,
"जोड़ियाँ तो ऊपर वाला बनाता है।"

पर सच यह है कि रिश्ता धरती पर
लालच और दिखावे से समाज सजाता है।

जहाँ सोने की चेन, मोटी गाड़ी चमकती है,
वहीं सबसे जल्दी बरात सजती है।

पर जहाँ मेहनत, इमान और सच्चाई रहती है,
वहाँ जात-पात की दीवार खड़ी रहती है।

कैसा मज़ाक है इंसान का ये दावा,
ऊपरवाले के नाम पर देते है अपने खेल का हवाला।

अगर सचमुच ऊपरवाला जोड़ता होता,
तो इंसानियत का रिश्ता हर जगह होता।

{} क्षणभंगुर जीवन :- . "नफ़रत छोड़ो, इंसानियत अपनाओ"

मानव जन्म मिला है बस एक ही बार,
फिर क्यों बनाते हैं नफरत की दीवार पर दीवार।

सत्तर बरस की ये औसत सी ज़िंदगी,
फिर क्यों भरते हैं नफ़रत की बंदगी।

तीस बरस पढ़ाई में, खुद को सँवारने में बीतते,
सपनों के महल बनाकर, कर्म में हैं रीझते।

फिर आती है शादी, बच्चे, उनकी पढ़ाई,
जीवन की गाड़ी में चलती है बस दौड़ाई।

बुढ़ापे में रह जाते हैं पति-पत्नी अकेले,
एक-दूसरे के सहारे, वक्त के मेले।

फिर न जाने कब और कहाँ जन्म मिलेगा,
इस जीवन के बाद कौन-सा रूप जलेगा।

फिर भी क्यों करते हैं हम जात-पात का भेद,

रंग-रूप में बाँधकर इंसानियत को बनाते हैं खेल।

क्यों भूल जाते हैं हम इंसानियत की राह,
क्यों बुनते हैं नफ़रत के ये स्याह।

झूठी आन-बान-शान का ये मोह क्यों है,
अहंकार में डूबकर इंसान सत्य से दूर क्यों है।

जब इंसान होकर भी जानवर बन जाते,
तो फिर जन्म पाकर भी जन्म को मिटाते।

ज़रा सोचो – ये जीवन तो क्षणभंगुर है,
हर सांस अनमोल है, हर पल सुगंधित स्वर है।

नफ़रत को छोड़ो, प्रेम का दीप जलाओ,
इंसान हो तो इंसानियत निभाओ।

{} झूठी तसल्ली :- . “समाज की दीवारें और बेटी की अनकही पीड़ा”

खुश ना थी बेटी, फिर भी तसल्ली थी माँ-बाप को,
दामाद पसंद का नहीं, पर अपनी जात का है — बस यही आस थी उनके ख्वाब को।

चेहरे पर हँसी थी, मगर आँखों में सन्नाटा था,
दिल में तूफ़ान था, पर लबों पर समझौते का मुखौटा था।

जिसे चाहा, उसे पाने की इजाज़त न मिली,
क्योंकि समाज को जात की दीवारें ज़्यादा अज़ीज़ लगीं।

बेटी ने सोचा — शायद वक्त के साथ सब ठीक हो जाएगा,
पर हर मुस्कान के पीछे एक आँसू छिप जाता है, ये समाज न समझ पाएगा।

घर ने दामाद को अपनाया बड़ी रीत से,
पर बेटी के भीतर जो तूफ़ान था —
उसे किसी ने महसूस न किया प्रीत से।

रिश्ते का नाम निभाने को वो हर दिन मरती रही,
और समाज कहता रहा – "देखो, कितनी अच्छी लड़की है, घर सँभालती रही।"

कितना अजीब है ये मंजर, कितना पत्थरदिल समाज है,
जहाँ प्यार पाप है, और जात ही एकमात्र राज है।

जहाँ माँ-बाप की इज़्ज़त के नाम पर बेटी की हँसी क़ुरबान होती है,
और झूठी तसल्ली में ही हर उम्मीद दफ़न होती है।

{} ढोंग का चेहरा :-. "जाति के नाम पर ढोंग और इंसानियत की हार"

अपनी जाति को सर्वश्रेष्ठ ठहराकर,
सबसे अधम कर्म कर बैठते हैं लोग।

मर्यादा का उपदेश देते रहते हैं,
पर भीतर ही भीतर भय से काँपते हैं लोग।

परायी छाया से स्पर्श मात्र पर
अपवित्र हो जाने का भ्रम पालते हैं लोग,

किन्तु राह के ठेले–ढाबों पर
निर्लज्जता से सबका पकाया ग्रास खा जाते हैं लोग।

अपनी कन्या के विवाह से
सदैव आतंकित रहते हैं लोग,

कि कहीं पर-जात में परिणय न हो जाए,
इज़्ज़त और मान खोने के भय से थरथराते हैं लोग।

परंतु जब पुत्र ही दरिंदगी पर उतर आए,

नन्ही बालिका पर जुल्म ढा जाए,

तब उसके पाप को ढकने हेतु
विधि–वकीलों की सेनाएँ खड़ी कर देते हैं लोग।

पर–जाति संग बैठना तक
अपमान और तिरस्कार मानते हैं लोग,

पर स्वार्थ की घड़ी आते ही
उसी रीति को पैरों तले कुचल जाते हैं लोग।

जब रक्त की बोतल चाहिए होती है,
तब जाति–कुल का भेद भूल जाते हैं लोग,

तो प्रश्न यही है –
आख़िर झूठे बंधनों में जीवन क्यों बिताते हैं लोग?

{} ढोंग की पूजा और बेटी की सजा :- . "भक्ति की छाया में छुपा बेटियों का अपमान"

नवरात्रों में गली-गली आरती गूँजती है,
माँ की महिमा हर चौखट पर पूजी जाती है।

कन्याओं को खोजते हैं मान देने को,
पर क्यों भूलते हैं जनम देने को?

पाँव धोकर थाली में भोजन सजाते,
"कन्या है शक्ति" यही बोल सुनाते।

पर यही समाज जब सच्चाई से टकराता,
बेटी का जन्म अंधेरा कहलाता।

जन्म से पहले ही बेटी मिटाई,
माँ की कोख में उसकी साँसें दबाई।

सपनों को उसके रौंद दिया जाता,
जन्म से पहले ही मार दिया जाता।

एक ओर करते हैं बच्चियों का मान,
दूसरी ओर देते हैं उन्हें अपमान।

एक ओर चरणों में देवी बसाते,
दूसरी ओर बेटियों को जहर पिलाते।

कितना विचित्र है ये दोहरा समाज,
जहाँ पूजा भी है और वहीं काज।

जहाँ आरती की थाली में फूल सजाए,
वहीं बेटी की लाश भी घर में छुपाए।

नवरात्रों में नौ रातें गाते,
पर बेटियों के आँसू क्यों भूल जाते?

अगर सच में माँ को पूजना चाहोगे,
तो बेटी को जीते-जी सम्मान दोगे।

जब हर घर बेटी का स्वागत करेगा,
तभी सच्चा नवरात्र उजाला बनेगा।

ढोंग नहीं, सच्ची पूजा होगी,
जब बेटी की हँसी ही आरती होगी।

{} धर्म का ढोंग :-. "जहाँ भक्ति के नाम पर व्यापार होता है"

जात-पात का टोकरा सिर पर उठाए फिरते हैं लोग,
ऊँचा बनने की चाह में नीच कर्म करते हैं लोग।

दूसरों को तुच्छ बताकर खुद को बड़ा जताते हैं,
पर भीतर की सच्चाई से नज़रें चुराते हैं लोग।

मंदिर-मंदिर जाकर मान का लेन-देन करते हैं लोग,
पूजा-पाठ के नाम पर व्यापार ही करते हैं लोग।

रूह की बातों से अनजान, बस दिखावे में डूबे रहते,
आडंबर की परछाईं में खुद को खोते हैं लोग।

रिवाज़ों की चादर ओढ़ कर पाप छुपाते हैं लोग,
सच्चाई सामने आए तो घबराकर मुँह मोड़ जाते हैं लोग।

जो आवाज़ मन से आती है उसे दबा देते हैं,
अपने डर में जीते हैं और सवालों से भागते हैं लोग।

धर्म की बात जैसे ही हो, आँखें मूँद सो जाते हैं लोग,

संवाद से डरते हैं, भीतर की पीड़ा से भागते हैं लोग।

फिर भी सबसे बड़ा बनने की लालसा में लगे रहते हैं,
सम्मान का मुखौटा पहनकर छल में जीते हैं लोग।

कितना अजीब है ये खेल, कितनी अजीब है ये चाल,
धर्म की आड़ में छुपाकर खुद को रखते हैं लोग।

अगर सच से सामना हो जाए तो काँप उठते हैं,
वरना दिखावे की परतों में ही सुकून ढूँढ़ते हैं लोग।

{} नाक की दुहाई :- . "जब बेटा करे तो गौरव, बेटी करे तो गुनाह"

लड़का अगर किसी परायी जात की
लड़की ले आए घर,

तो थाली में आरती उतारकर
खुशियों से भर जाते हैं दर।

"घर की शान बढ़ा दी बेटा,
खून हमारा है वीर" –

ऐसे बोल सुनाते सबको,
बजने लगते ढोल-नगाड़े पीर।

पर वही बेटी अगर हिम्मत कर
किसी गैर जात से प्रेम करे,

तो इज्ज़त, मान और नाक की बातें
हर सभा में गूँजें डरे।

"समाज में मुँह दिखाएँगे कैसे?

कुल की लाज बचाएँगे कैसे?"

यही रट लगाते रहते लोग,
बेटी की धड़कन सुनते कैसे?

प्यार को पाप ठहराकर
बेटी के सपनों को जलाते,

काँपते हैं रिश्तों के डर से,
मान की दीवारें खड़ी कर जाते।

अजब है ये दोहरा तराजू,
जहाँ बेटे की खुशी उत्सव बनती,

पर बेटी की चाहत
सज़ा का आदेश बनकर सनती।

महान वही जो बराबरी से देखे,
न बेटे–बेटी में अंतर करे,

प्यार को इज्ज़त का ताज दे,
नफ़रत के किले को अंदर ही मरे।

{} बेटी का मन और समाज का डर :-. “जहाँ इज़्ज़त की दीवारें, बेटी के सपनों से ऊँची हैं”

ना मान सकी तो पिता अपनी बेटी से ही रूठ गया,
अपनी ही कली से उसका अपनापन छूट गया।

घर-घर ढूँढता रहा दामाद सजाकर रिश्तों की किताब,
बेटी के दिल में बसा हुआ प्यार ही भूल गया वो जनाब।

इज्ज़त के नाम पर दीवारें ऊँची बना दी गईं,
बेटी की मुस्कुराहट सौदों में तौल दी गईं।

समाज की नज़रों में ऊँचा दिखना ज़रूरी हो गया,
पर बेटी के सपनों का घर वहीं अधूरा रह गया।

बेटी ने कहा – "मेरी चाहत को भी पहचानो पिता,
ये भी सच्चा है, इसे न ठुकराओ पिता।"

पर पिता ने कहा – "समाज है, लोग हँसेंगे,
तेरे सपनों पर ताने कसेंगे।"

उसकी आँखों में आँसू थे, पर शब्द दब गए,
समाज के डर में अपने ही रिश्ते जल गए।

प्यार का रिश्ता झूठा ठहरा दिया गया,
बेटी का मन पिता से पराया कर दिया गया।

ये कैसी परंपरा, ये कैसा डर,
जहाँ खून का रिश्ता भी हो जाए बेअसर।

पर वक़्त बदलेगा, ज़माना देखेगा,
सच का सूरज इन अंधेरों को चीर देगा।

बेटी की मोहब्बत का रंग छाएगा,
हर ताना, हर दीवार ढह जाएगा।

तब इतिहास यही कहानी सुनाएगा,
समाज का झूठ हार जाएगा,
बेटी का सपना जीत जाएगा।

{} भक्ति का चेहरा :-. "भक्ति नहीं, पहचान का प्रदर्शन"

हर मंगलवार हनुमान जी को पूजते हैं लोग,
बाकी दिन मांस-मदिरा का सेवन करते हैं लोग।

श्रीराम का नाम लेकर खुद को बड़ा भक्त बताते,
पर भीतर से स्वार्थ में डूबे रहते हैं लोग।

माथे पर तिलक लगाकर मंदिर में सजते हैं,
फिर बाहर निकलते ही चाल बदलते हैं लोग।

भक्ति की बातें करते हैं बड़ी श्रद्धा से,
पर मन के अंधेरे में डर छुपाते हैं लोग।

माला फेरते हैं, दीप जलाकर पूजा करते हैं,
पर जरूरत पड़ते ही वचन भूल जाते हैं लोग।

दूसरों का बुरा सोचते हैं बार-बार,
और खुद को धर्म का सबसे बड़ा रक्षक बताते हैं लोग।

रिवाज़ निभाते हैं, व्रत रखते हैं पूरे साल,

पर रिश्तों में झूठ और छल से घिरे रहते हैं लोग।

भक्ति का नाटक कर दुनिया को दिखाते हैं,
पर मन की गहराइयों में खुद से ही डरते हैं लोग।

सच्चाई से आँख चुराकर दिखावे की राह अपनाते,
ढोंग के पर्दे में अपनी पहचान छुपाते हैं लोग।

कहते हैं – "हम तो धर्म के लिए जीते हैं",
पर दुख में साथ देने से भी कतराते हैं लोग।

{} भीड़ का सच :-. "जहाँ सच बोलना विद्रोह कहलाता है"

समाज की भीड़ में सच का कोई मोल नहीं,
झूठ को पूजा जाता है, पर सच्चाई का बोल नहीं।

जब तक भीड़ का हिस्सा हो, सब तुम्हें सराहते हैं,
जैसे ही अलग चलो, रिश्तेदार ही आहत हो जाते हैं।

भीड़ को चाहिए गुलाम, सोच से रहित इंसान,
जो आँखें मूँद ले और माने हर फ़रमान।

जो जागे और बोले, उसे विद्रोही बताकर गिराया जाता है,
भीड़ की ताक़त से उसकी आवाज़ को दबाया जाता है।

यह भीड़ मुस्कुराकर गले लगाती है,
पर पीठ पीछे जहर ही फैलाती है।

जिसे देखो वही तालियाँ बजाता है,
पर कोई सच्चा क़दम बढ़ाए तो सबसे पहले उसी को रोक लिया जाता है।

सच है – भीड़ के सहारे कोई इतिहास नहीं बनता,
रोशनी वही करता है जो अंधेरे से है लड़ता।

{} मां का चमत्कार :- . “जहाँ समाज भूलता है, वही जीवन का आधार है”

जिस जग ने अशुद्ध कह ठुकराया,
मां कामाख्या ने वही रूप अपनाया।

जो हर महीने पीड़ा सहती है,
उसी से तो सृष्टि चलती है।

जिसे अपवित्र कह दरकिनार किया,
उसी ने तो जीवन का आधार दिया।

जिससे हर घर का दीपक जलता है,
उसके ही आँचल से संसार पलता है।

पर विडंबना देखो इस समाज की,
सत्य को झुठलाए, भक्ति करे ताज की।

स्त्री को कभी बोझ, कभी कलंक बताता है,
पर उसके बिना जीवन कहाँ चल पाता है?

जो खून बहाकर भी मुस्कुराती रहती है,
वही धरा पर माँ बनकर आती रहती है।

दर्द को अपना श्रृंगार बनाती है,
और सृष्टि को नया आकार दिलाती है।

क्यों भूल जाते हो उसका एहसान,
वही है जीवन का असली सम्मान।

मा कामाख्या का रूप है गहरा,
जिसे समझे वही सच्चा चेहरा।

उसे अशुद्ध कहो या पावन मानो,
सत्य यही है – उसे प्रणाम करो।

{} मृत्यु – मौन की महागाथा :- . "जहाँ अंत नहीं, बस एक नया आरंभ"

जब जीवन थककर बैठता है किसी किनारे,
मृत्यु आती है – जैसे शीतल लहरें।

न वह छीनती है, न कोई भार लाती,
बस आत्मा को उसकी जड़ों से मिलवाती।

मृत्यु कोई काल नहीं, वो है करुणा का रूप,
वो मिटाती नहीं – बस करती है स्वरूप।

जिसे तुम अंत कहते हो, वो सृजन का क्षण है,
जहाँ हर विराम के पीछे कोई नया गगन है।

धरती ने जिसको जन्म दिया था कभी,
अब वही बाहों में समेटती है नबी।

न कोई भय, न कोई शिकायत की बात,
बस मौन में मिल जाता है सबका साथ।

जीवन तो लहर है, उठती है और मिट जाती,
मृत्यु सागर है – जिसमें हर लहर समा जाती।

जहाँ समय थम जाता, शोर मिट जाता,
और अस्तित्व, "मैं" से "हम" बन जाता।

जो समझ गया मृत्यु का मर्म, वो मुक्त हुआ,
जिसने गले लगाया उसे, वो अमर हुआ।

क्योंकि मृत्यु सज़ा नहीं, प्रकृति की रीत है,
जो सबको देती अंतिम, पर सुंदर प्रीत है।

वो शांति है जो शोर के बाद आती,
वो नींद है जो थकावट मिटाती।

वो चुप है, पर कह जाती बहुत कुछ,
कि "हर अंत में, आरंभ छुपा है कुछ।"

{} ले औरत का हक़:- . “जहाँ बेटी के कदमों पर डर, बेटे के कदमों पर अधिकार”

रात को अगर सब्ज़ी-फल लेने की बारी हो,
तो बेटी को भेजने से सबको लाचारी हो।

पर वहीं नन्हे बेटे को चाहे आधी रात भेज दो,
कह देंगे — "ये तो मर्द है, इसमें क्या डर हो?"

बेटी के कदम से डरते हैं लोग,
उसकी साँसों पे भी अपना हक रखते हैं लोग।

बेटे की ग़लतियों को हँस के टालते,
पर बेटियों को गुनाह से पहले ही बाँधते।

ले बेटियों से उनका हक़,
ले उनके सपनों की हर चमक।

ले उनसे आज़ादी का नाम,
ले उन्हें बना दिया बस एक गुलाम।

दो हज़ार साल तक जुल्म सहती रही नारी,
लेती रही गालियाँ, सहती रही बीमारी।

ले ली उसकी हँसी, ले लिया उसका मान,
ले लिया उसका अस्तित्व, उसकी पहचान।

जब उसने अपने लिए आवाज़ उठाई,
तो मर्दों ने कहा — "ये तो बर्बादी आई!"

ले उसकी हर चीख़ को दबा दिया गया,
ले उसका इंसाफ़ को भी छीन लिया गया।

आज अगर नारी ने एक सवाल किया,
तो पुरुषों ने शोर मचा दिया।

ले सहस्राब्दियों का दर्द कौन गिनेगा?
ले कौन उस पीड़ा को समझेगा ?

बेटे को राहों पर भेजते हैं निडर,
बेटी के कदमों पे क्यों छा जाता है डर?

ले डर केवल बेटी पर क्यों डाला गया,
ले उसका हर कदम क्यों टाला गया?

इतिहास गवाह है —

ले नारी ने ही सबको जन्म दिया,
ले उसके आँचल से ही जीवन पिया।
वही देवी है, वही शक्ति है,
ले वही करुणा है, वही भक्ति है।

तो कब तक यही ढोंग चलेगा?
ले औरत को कमतर समाज कब तक कहेगा?
ले सच यही है — जब तक बराबरी न मिले,
समाज का आईना टूटा ही दिखे।

{} वासना में अंधा, समाज में सजग :- . एक समाज, दो चेहरे – "एक वासना का, एक संस्कार का"

बिस्तर की बात आए तो जात नज़र नहीं आती,
वासना की आग में इंसानियत भी खो जाती।

क्षणिक सुख के लिए सब नियम भुला जाते हैं,
पर शादी की बारी आए तो गोत्र याद दिला दिए जाते हैं।

सुख की घड़ी में धर्म-जात सब भुला देते हैं लोग,
पर रिश्तों की बात पर प्यार मिटा देते हैं लोग।

बेटा करे अपराध तो आँचल तान छुपा लेते हैं लोग,
बेटी करे सच्चा प्रेम तो बदनाम बता देते हैं लोग।

घर की इज्ज़त का बोझ सिर पर उठाते हैं लोग,
पर अपनी करनी पर परदा डाल जाते हैं लोग।

मंदिर-मस्जिद में बराबरी की बातें करते हैं लोग,
पर घर के आँगन में जाति की खाई बना जाते हैं लोग।

बेटी की हँसी को रोककर संस्कार का नाम देते हैं लोग,
और बेटे के पाप को भी समाज की ढाल बना देते हैं लोग।

ये कैसी सोच है, ये कैसा व्यवहार है,
जहाँ झूठ की जीत और सच्चाई बेकार है।

सवाल यही है –
क्या रिश्तों की नींव खून से बड़ी है जात?
या फिर इंसानियत से ऊँचा है समाज का फरमान?

{} समाज का चेहरा :- . "ढोंग और पक्षपात से रंगा इंसानियत का मुखौटा"

बेटा अगर माँ की जान लेले,
तो चुप रह जाते हैं लोग,

घर की बात कहकर
आँखें मूँद लेते हैं लोग।

बेटा अगर बलात्कार करे,
तो ढाल बन जाते हैं लोग,

वकीलों की फौज खड़ी कर
न्याय को रोक देते हैं लोग।

बिटिया विधवा हो जाए
अपनी ही जात में ही ,

तो कहते हैं –
"अभी तो उम्र है, फिर ब्याह कर दो तुरंत ही।"

पर वही बिटिया पराई जात में
विधवा हो जाए अगर,

तो ताने कसकर कहते हैं –
"देखो, यही नतीजा है होने का बेघर।"

जाति के जाल में फँसा कर
इंसानियत को मारते हैं लोग,

प्यार को अपराध कहकर
नफ़रत का झंडा उठाते हैं लोग।

सच को दबाकर
झूठ का परदा डालते हैं लोग,

गुनाहगारों को बचाकर
निर्दोषों को सज़ा दिलाते हैं लोग।

कभी बेटी को पराया धन,
कभी इज्ज़त का बोझ बताते हैं लोग,

उसके सपनों को तोड़कर
अपने मान की दुहाई देते हैं लोग।

यह कैसा अंधा न्याय है,

कैसा दोहरा ताज है,

सच को छिपाकर झूठ को पालता,
कितना निर्दयी समाज है।

पर वक्त बदलता है,
इतिहास गवाही देगा,

इंसानियत का सूरज उगेगा,
ढोंग का अंधियारा बिखर जाएगा।

{} समाज का डर :- . "चार लोगों की नज़रों के खौफ़ में दबा सच"

आख़िर क्यों समाज से इतना घबराते हैं लोग,
अपने बच्चों की खुशियों का गला घोंट जाते हैं लोग।

इज्ज़त की दीवारों में कैद कर सपनों को मार देते,
चार लोगों की बातें सुनकर रास्ते बदल देते हैं लोग।

माता सीता पर इल्ज़ाम लगाने वाले समाज से डरते हैं,
फिर भी उसी की बातों में उलझे रहते हैं लोग।

दुख में जब कोई साथ न दे, तब भी वाह-वाही के लिए,
हर हद तक जाकर खुद को खो देते हैं लोग।

कहते हैं – देखो कितने अमीर घर में बिटिया दी,
पर दामाद के भीतर छिपे दरिंदे को भूल जाते हैं लोग।

दहेज के लिए जो बेटी की जान ले ले,
उसे भी चुपचाप सहते जाते हैं लोग।

समाज क्या कहेगा – इस डर से आवाज़ नहीं उठाते,

अपनी ही पीड़ा में खुद को गिराते हैं लोग।

कितना अजीब है ये डर, कितनी अजीब है ये जंजीर,
जो प्यार, सच और इंसानियत से दूर ले जाती है हर पीर।

{} समाज का सच :- . "दिखावे के पीछे छिपा असली चेहरा"

समाज का डर दिखाकर
ज़िंदगी का सौदा कर देते हैं लोग,

सपनों की कीमत लगा कर
अपनों का हक छीन लेते हैं लोग।

इंसानियत को भूलकर
राक्षस जैसा बर्ताव करते हैं लोग,

दयालु शब्दों की जगह
क्रूरता का जाल बुनते हैं लोग।

अपनी बेटियों को पर्दे में रख
इज्जत का हवाला देते हैं लोग,

पर दूसरों की बहन-बेटी पर
बुरी नज़र से गिरते हैं लोग।

धर्म, रीति और नाम का सहारा लेकर

अपने भीतर की नफ़रत छुपाते हैं लोग,

जो खुद को सज्जन बतलाते हैं
वो ही भीतर से कठोर बन जाते हैं लोग।

सच ये है कि इंसानियत से बढ़कर कुछ नहीं
सच ये है कि दया से बड़ा कोई धर्म नहीं

जब मन से नफ़रत हटेगी और प्रेम का दीप जलेगा,
तभी बदलेगा यह चेहरा – जाग उठेंगे सब लोग।

{} समाज की सोच और बदलाव की आस :- . “जहाँ बेटियाँ अब चुप नहीं, परिवर्तन की आवाज़ हैं”

पता नहीं क्यों अमीर-गरीब का भेद करता है ये समाज,
इंसान की पहचान भूल, दौलत में देखता है ये समाज।

सच को झुठलाकर, झूठ का हाथ थाम लेता है ये समाज,
मन की रोशनी छोड़, दिखावे में उलझा रहता है ये समाज।

दूसरों का बुरा सोचकर, मंदिर में अपने लिए भला मांगता है,
पापों को ढँक कर, पूजा में सफ़ाई का दिखावा करता है।

बेटी को खोख में मारकर, बेटे की आस लगाता है ये समाज,
जीवन की शुरुआत ही अपराध से कर देता है ये समाज।

बेटी को पराया धन कहकर, उसका मोल भाव करता है ये समाज,
प्यार की जगह सौदेबाज़ी से रिश्तों को तोलता है ये समाज।

उसकी इच्छाओं को मारकर, दासी जैसा व्यवहार करता है ये समाज,
उसकी हँसी छीनकर, उसका दर्द भी नहीं पूछता है ये समाज।

"बेटी तो पराया धन है"— यह कहकर उसके सपनों को कुचल देता है,
मानो उसके अरमानों से ही अपना घर उजाड़ देता है ये समाज।

घर में अपनी बेटियों को रखकर भी, दूसरों पर बुरी नज़र डालता है,
अपनी ही बेटी का मान भूलकर, परायी बेटियों को गिराता है ये समाज।

पर अब वक्त बदलेगा, ज़रूर एक नया दौर आएगा,
बेटियाँ बेटों से आगे बढ़, अपनी पहचान बनाएँगी।

जो आज उपेक्षा में छिपा है, कल वही रोशनी बन जाएगा,
सच का सूरज उगेगा और यह समाज देखता रह जाएगा।

{} हम लड़कियाँ हैं :- . “जो टूटकर भी हर बार जगमगाती हैं”

हम लड़कियाँ हैं; कितना भी कर लें, कोई खुश नहीं होता,
पढ़ाई में अव्वल आएँ, तो भी सम्मान नहीं होता।

हज़ारों सपनों को दिल में लिए, मेहनत करती जाती हैं,
पर समाज की आँखों में, कभी मंज़ूरी नहीं पाती हैं।

एक तरफ़ लड़के हैं, बस जन्म मात्र से ही वाह-वाही पाते हैं,
पूरा गाँव ख़ुशी में झूम उठता है, ढोल-नगाड़े बजाते हैं।

ना मेहनत का हिसाब पूछा जाता, ना काबिलियत को तौला जाता,
बस इतना काफ़ी है कि “वो लड़का है”, यही सबको भाता।

हम लड़कियाँ हैं; हर रोज़ परीक्षा देनी पड़ती है,
कपड़ों से लेकर बातों तक, चौखट में जीनी पड़ती है।

अगर खामोश रहें तो कमजोर कहे जाते हैं,
अगर बोल पड़े तो बगावत के नाम से डरे जाते हैं।

लड़के गलती करें तो “बच्चे हैं” कहकर टाल दिया जाता है,

लड़कियाँ हँस भी लें तो "चरित्र" पर सवाल उठा दिया जाता है।

उनके सपनों को दहेज़ में बेचा जाता है,
हमारी इच्छाओं को रिश्तों में कैद किया जाता है।

एक तरफ़ लड़के हैं, जिन्हें ज़िन्दगी आसान मिलती है,
हर हार पे भी उनके हिस्से में जीत की ताली मिलती है।

हम लड़कियाँ हैं, हर कदम पे ठोकर खाते हैं,
फिर भी परिवार की इज़्ज़त के नाम पे चुप रह जाते हैं।

पर हम टूटते नहीं, हर गिरावट से उठते हैं,
अपने आँसुओं को मोती बनाकर, रोशनी में ढलते हैं।

हम वो हैं जो आँचल से घर को ढक लेती हैं,
अपने हिस्से के दर्द को भी चुपचाप सह लेती हैं।

हाँ, हम लड़कियाँ हैं; समाज चाहे जितना भी हमें कम आँके,
हमारे बिना दुनिया अधूरी है, ये सच है – चाहो तो आँक लो।

लड़के गाँव को खुश कर सकते हैं,
पर बेटियाँ पूरे जहाँ को रोशन कर सकती हैं।

{} हर रोज़ मारी जाती हैं बेटियाँ :-

. "जहाँ पहचान छीनी जाती है, वहीं साहस जन्म लेता है"

वो वक़्त भी कितना बेरहम था, जब जन्म पे मौत मिलती थी,
माँ की गोद सूनी रहती, बस मिट्टी ही सिलती थी।

पर कम से कम एक ही वार था, जो सब कुछ ख़त्म कर जाता था,
अब हर दिन नया ज़हर है, जो धीरे-धीरे चढ़ जाता है।

कभी सपनों की चिता जलती, कभी उम्मीदों को रोंदा जाता,
कभी हक़ छीन कर, उसको चुप रहने को बोला जाता।

कभी कहा गया – "लड़की है, बस घर की इज़्ज़त संभालो",
कभी बोला गया – "इतना मत बोलो, मर्यादा का ख्याल रखो!"

कभी उड़ान पे पहरा है, कभी हँसी पे भी सवाल,
कभी आँचल से नापते हैं, उसके किरदार का हाल।

कभी कहा – "देवी हो तुम", फिर ज़ंजीरें पहनाई जाती हैं,
कभी खुदा का नाम लेकर, उसकी आज़ादी छीन ली जाती है।

पहले देह मिटती थी, अब रूह को जलाया जाता है,
हर जन्म में बेटी नहीं, बस दर्द ही जन्म पाता है।

कभी पिता के मान में, खुद को भूल जाती है,
कभी माँ के आँसुओं में, खामोशी से डूब जाती है।

कभी दहेज़ में बिक जाती है, कभी रिश्तों में हारती है,
हर बार वो मरती है, फिर भी दुनिया सँवारती है।

कभी इज़्ज़त के नाम पे, ज़िन्दगी लुटा दी जाती है,
कभी ममता के नाम पे, उसकी पहचान मिटा दी जाती है।

पर फिर भी वो हँसती है, आँसुओं को पी जाती है,
हर दर्द को मोती बनाकर, दुनिया को जीना सिखाती है।

वो गिरकर भी उठती है, हर चोट पे मुस्कुराती है,
हाँ, वो बेटी है – जो हर रोज़ मारी जाती है,
फिर भी हर रोज़ जी जाती है।

www.ingramcontent.com/pod-product-compliance
Lightning Source LLC
La Vergne TN
LVHW050820051026
849532LV00008B/3034
* 9 7 9 8 9 0 0 8 1 9 6 0 0 *